DANIEL SIQUEIRA

(Organizador)

Novena em Louvor ao Divino Pai Eterno

EDITORA

SANTUÁRIO

DIREÇÃO EDITORIAL:
Pe. Fábio Evaristo R. Silva, C.Ss.R.

REVISÃO:
Ana Lúcia de Castro Leite

COORDENAÇÃO EDITORIAL:
Ana Lúcia de Castro Leite

DIAGRAMAÇÃO E CAPA:
Marcelo Tsutomu Inomata

COPIDESQUE:
Luana Galvão

ISBN   978-85-369-0465-8

2ª impressão

Rua Pe. Claro Monteiro, 342 – 12570-000 – Aparecida-SP
Tel.: 12 3104-2000 – Televendas: 0800 - 16 00 04
www.editorasantuario.com.br
vendas@editorasantuario.com.br

Devoção ao Divino Pai Eterno

A devoção ao Divino Pai Eterno tem sua origem no interior do estado de Goiás por volta de 1840, quando, segundo relatos, o lavrador Constantino Xavier, do povoado do córrego do Barro Preto, encontrou, durante sua lida com a terra, um pequeno medalhão com a imagem da Santíssima Trindade coroando Nossa Senhora. Surpreso com o achado, o agricultor levou o medalhão para sua casa e mostrou a sua mulher, que logo providenciou um pequeno altar, onde Constantino, sua família e seus vizinhos passaram a se reunir todos os sábados para rezar.

Com o passar do tempo, relatos de graças alcançadas começaram a ser noticiados, e a fama do medalhão milagroso se espalhou pelas cidades vizinhas. Assim, com o aumento do fluxo de pessoas, o casal, Constantino e Ana Rosa, decidiu construir uma pequena capela de palha, para onde foi levado o medalhão. Tempos depois, um artista fez uma réplica da imagem, que foi colocada agora em uma nova capela, desta vez um pouco maior que a primeira. A devoção só foi aumentando, e, a cada ano, aumentava sempre mais o número de pessoas que visitavam a capela.

Em 1894, chegaram a Goiás os primeiros Missionários Redentoristas vindos da Alemanha. Com o incentivo dos missionários, foi construído em 1912 o Santuário do Divino Pai Eterno. No decorrer da primeira metade do século XX, a devoção ao Pai Eterno foi cada vez mais propagada. Muitas romarias provenientes, principalmente, da região centro-oeste, mas também de outras localidades do país, começaram a afluir até o Santuário.

Nos anos de 1970, começaram as obras do atual Santuário Basílica do Divino Pai Eterno em Trindade, que foram concluídas nos anos de 1990. Nos últimos anos, principalmente a partir das transmissões televisivas, a devoção ao Divino Pai Eterno tem ganhado cada vez mais o Brasil. A devoção ao Divino Pai Eterno é o único caso no mundo de uma devoção dedicada exclusivamente à primeira pessoa da Trindade Santa. Assim rezemos ao Pai de amor e misericórdia, para que Ele possa nos socorrer em nossas necessidades de filhos.

Oração inicial

– Em nome do Pai, e do Filho e do Espírito Santo. Amém!

Ó Divino Pai Eterno, que sois a plenitude e o fundamento de todo o amor e de toda a misericórdia, como vosso filho, neste momento, aproximo-me de vós para agradecer-vos toda a obra da criação, nunca me abandonar, terdes enviado vosso filho Jesus, como nosso Salvador e dado a Virgem Maria como nossa Mãe. Acreditando firmemente que sois a plenitude de todo o amor e de toda a misericórdia, nesta hora eu me prostro diante de vós e peço que possais ouvir e atender a súplica que neste momento vos apresento... Glória ao Pai, ao Filho e ao Espírito Santo, como era no princípio, agora e sempre, amém!

Oração final

Divino Pai Eterno, quero consagrar-me totalmente a vós, em quem creio e espero. Eu vos amo com todas as minhas forças e com todo o meu entendimento. Quero estar sempre em vossa presença. Vós, que sois a eterna misericórdia, mesmo diante de minhas faltas, de minhas incoerências e, por vezes, de minha falta de fé, olhai e velai sempre por mim. Divino Pai Eterno, vós, que sois a eterna paz, dai consolo e esperança a meu coração; vós, que sois o eterno bem, derramai sua bênção sobre minha família e sobre todas as pessoas que amo; vós, que sois a primeira pessoa da Trindade, juntamente com seu filho Jesus, nosso Salvador, e com a força do Espírito Santo, ficai sempre junto de mim. Com fé e devoção quero elevar a vós meu louvor rezando: *Pai Nosso, que estais nos céus...* Divino Pai Eterno, abençoai-me e protegei-me sempre. Em nome do Pai, do Filho e do Espírito Santo. Amém!

1º Dia
Pai Eterno,
plenitude do amor

1. Oração inicial *(p. 5)*

2. Palavra de Deus *(Sl 136,1-9)*

Louvai o Senhor, porque ele é bom: porque eterno é seu amor. Louvai o Deus dos deuses: porque eterno é seu amor. Louvai o Senhor dos senhores: porque eterno é seu amor. Só ele fez grandes maravilhas: porque eterno é seu amor. Fez os céus com sabedoria: porque eterno é seu amor. Estendeu a terra sobre as águas: porque eterno é seu amor. Fez os grandes luminares: porque eterno é seu amor. O sol para governar o dia: porque eterno é seu amor. A lua e as estrelas para governar a noite: porque eterno é seu amor.

3. Refletindo a Palavra

O Infinito amor do Pai Eterno pode ser visto e sentido por meio de toda obra da criação. Tudo que

Deus fez foi por um puro ato de amor de sua parte para com a humanidade. A criação do ser humano é o ponto culminante da obra iniciada pelo Pai, pois, no ser humano, Deus infundiu seu próprio espírito e o criou a sua imagem e semelhança. Assim a humanidade é a obra prima da criação, pois é a imagem e semelhança do próprio Criador. O Pai Eterno sempre olha e percebe as alegrias e as aflições de seus filhos e, com amor de Pai, acolhe a todos em seu braço, cuida e protege.

4. Meditando a Palavra

a) Como reconheço o amor de Deus por mim?
b) Tenho agradecido e louvado ao Pai todas as maravilhas que Ele realizou?

5. Oração final *(p. 6)*

2º Dia
Pai Eterno, fonte de misericórdia

1. Oração inicial *(p. 5)*

2. Palavra de Deus *(Ef 2,1-7)*

Também vós estáveis mortos em virtude de vossas faltas e pecados nos quais outrora vivestes à maneira deste mundo, seguindo o príncipe do império do ar, este espírito que prossegue sua obra naqueles que são incrédulos. Entre eles estávamos também nós todos, vivendo segundo os desejos de nossa carne, seguindo os caprichos da carne e os maus desejos, de tal forma que por natureza estávamos destinados à ira como os outros. Mas Deus, que é rico em misericórdia, movido pelo grande amor com que nos amou, quando estávamos mortos por causa de nossos pecados, fez-nos reviver com Cristo. É por graça que fostes salvos! Com ele nos ressuscitou e com ele nos fez sentar nos céus, em Cristo Jesus. Quis assim mostrar, nos séculos futuros, a extraordinária riqueza de sua graça, manifestada em sua bondade para conosco, em Cristo Jesus.

– Palavra do Senhor!

3. Refletindo a Palavra

O Pai Eterno também possui um coração profundamente misericordioso. Quando o ser humano se desviou de sua presença, Ele não nos abandonou, mas continuou amando-nos com o mesmo amor. Para manifestar sua misericórdia, Deus enviou seu próprio Filho a fim de resgatar a humanidade do pecado e da morte. Assim como seu amor, sua misericórdia é infinita. Ele sempre olha para nós com um olhar misericordioso, deixando as portas abertas para que o homem e a mulher retornem a sua presença e a seu amor. O Pai Eterno não abandona jamais seus filhos. Nós é que, por vezes, em nossos devaneios de grandeza e autossuficiência, nos esquecemos de Deus e de seu amor misericordioso.

4. Meditando a Palavra

a) Que atitudes me afastam da presença do Pai Eterno?
b) Como percebo a misericórdia do Pai Eterno comigo?

5. Oração final *(p. 6)*

3º Dia
Pai Eterno, bondade incansável

1. Oração inicial *(p. 5)*

2. Palavra de Deus *(Jo 3,16-18)*

Com efeito, Deus tanto amou o mundo que lhe deu seu Filho unigênito, para que não morra quem nele crê, mas tenha a vida eterna. Pois Deus não mandou seu Filho ao mundo para condenar o mundo, mas para que, por meio dele, o mundo seja salvo. Quem nele crê não é condenado. Mas quem não crê já está condenado, porque não creu no nome do Filho unigênito de Deus.

– Palavra da Salvação!

3. Refletindo a Palavra

O Pai Eterno, além de infinitamente amoroso e misericordioso, também é Deus de infinita bondade. Essa infinita bondade do Pai pode ser vista em toda a história da salvação iniciada na criação.

A bondade do Pai se manifestou sobremaneira na história e na caminhada do povo de Israel, principalmente nas ações prodigiosas realizadas em favor do povo por Ele escolhido. Ela teve seu ponto culminante no envio de seu Filho ao mundo. Mas a manifestação da bondade do Pai não ficou restrita aos tempos bíblicos: ela continua ainda hoje se manifestando na vida de todo aquele que nele acredita. A graça de sempre podermos recomeçar e realizar coisas novas é uma demonstração dessa infinita bondade do Pai Eterno.

4. Meditando a Palavra

a) Como se manifesta a bondade do Pai Eterno em minha vida?

b) Lembro-me de agradecer e de colocar nas mãos do Pai Eterno cada novo dia que começo?

5. Oração final *(p. 6)*

4º Dia
Pai Eterno,
consolo dos sofredores

1. Oração inicial *(p. 5)*

2. Palavra de Deus *(Rm 8,37-39)*

Mas em tudo isso somos mais que vencedores por meio daquele que nos amou. Tenho certeza, de fato, de que nem a morte, nem a vida, nem os anjos, nem os principados, nem o presente, nem o futuro, nem os poderes, nem a altura, nem a profundeza, nem outra criatura qualquer poderá nos separar do amor de Deus que está em Cristo Jesus, nosso Senhor.

– Palavra do Senhor!

3. Refletindo a Palavra

Durante a vida, todas as pessoas estão sujeitas a passar por situações difíceis, de sofrimentos e dor. O sofrimento e a dor infelizmente fazem parte de nossa condição humana. Nesses momentos difíceis, muitas pessoas ficam resignadas e se entregam ao

Pai Eterno, não desanimam e, em tudo isso, percebem e sentem a presença de Deus. Outras pessoas se põem a brigar e a culpar Deus por seus sofrimentos, deixando de ver, naquela ocasião difícil, uma oportunidade para a conversão pessoal. Mesmo nos momentos difíceis e de sofrimento, devemos perceber e sentir a presença do Pai Eterno, porque junto de Deus somos vencedores. O Pai Eterno é nosso consolo e nosso conforto em todos os momentos de nossa vida; nada pode nos separar da presença do Pai.

4. Meditando a Palavra

a) Como tenho lidado com as situações de crise e de sofrimento que tenho encontrado na vida?

b) Diante do sofrimento e da dor, fico culpando Deus, ou compreendo que essas situações fazem parte de minha existência humana?

5. Oração final *(p. 6)*

5º Dia
Pai Eterno,
origem de toda caridade

1. Oração inicial *(p. 5)*

2. Palavra de Deus *(1Jo 3,1-2)*

Vede com que amor o Pai nos amou: somos chamados filhos de Deus, e o somos de fato! Por isso o mundo não nos conhece, porque não conheceu a Deus. Caríssimos, desde agora somos filhos de Deus, mas ainda não foi revelado aquilo que havemos de ser. Sabemos, porém, que, quando ele se manifestar, seremos semelhantes a ele, porque o veremos tal como ele é.

– Palavra do Senhor!

3. Refletindo a Palavra

O Pai Eterno é amor, misericórdia e bondade; podemos ainda dizer que Deus é também caridade. Essa caridade do Pai se manifesta em seus atos de amor pela humanidade: Ele simplesmente ama sem pedir nada em troca. Toda a obra da criação, a ação de Deus na história do povo de Israel, o envio de seu Filho Jesus ao mundo, como salvador e redentor, a promessa de vida eterna e a vida que a cada dia renasce são manifestações concretas da caridade do Pai Eterno no mundo. Todo ser humano, criado à imagem e à semelhança de Deus, também é chamado, em sua existência terrena, a viver a caridade em todos os momentos e em todas as situações. Fazemos isso por meio da prática da justiça e da solidariedade, principalmente para com os mais pobres e necessitados, o que faz com que o Reino prometido pelo Pai Eterno vá se concretizando a cada dia.

4. Meditando a Palavra

a) Em que momentos percebi a caridade do Pai Eterno em minha vida?

b) Pratico atos de caridade e de justiça ou sou fechado em meu próprio egoísmo?

5. Oração final *(p. 6)*

6º dia
Pai Eterno,
Trindade onipotente

1. Oração inicial *(p. 5)*

2. Palavra de Deus *(Mt 3,16-17)*

Depois do batismo, Jesus saiu logo da água. Os céus se abriram, e ele viu o Espírito de Deus descer como uma pomba e vir sobre ele. E do céu veio uma voz que disse: "Este é meu Filho amado, de quem eu me agrado".

– Palavra da Salvação!

3. Refletindo a Palavra

O Pai, o Filho e Espírito Santo formam as três pessoas da Trindade, um só Deus em três pessoas. No Pai temos todo amor, toda misericórdia, bondade e caridade; o Filho é nosso salvador e redentor; o Espírito é a força santificadora que nos move e nos inspira. A Trindade Santa é símbolo da união perfeita. Ela é também o ícone da fraternidade, pois nela uma pessoa não se sobrepõe a outra, mas ambas se complementam. O Pai subsiste no Filho e no Espírito e assim sucessivamente. A Trindade Santa é fonte de inspiração para todo homem e toda mulher que desejam viver a unidade e a comunhão fraterna. A fraternidade vivida pela Trindade Santa é também fonte de inspiração e modelo para a vida em família, em comunidade e na sociedade.

4. Meditando a Palavra

a) Como vivencio minha fé na Trindade Santa?
b) Vivo a fraternidade e promovo a unidade nos lugares onde estou presente?

5. Oração final *(p. 6)*

7º dia
Pai Eterno, dispensador de todas as graças

1. Oração inicial *(p. 5)*

2. Palavra de Deus *(Ef 2,4-10)*

Mas Deus, que é rico em misericórdia, movido pelo grande amor com que nos amou, quando estávamos mortos por causa de nossos pecados, nos fez reviver com Cristo. É por graça que fostes salvos! Com ele nos ressuscitou e com ele nos fez sentar nos céus, em Cristo Jesus. Quis assim mostrar, nos séculos futuros, a extraordinária riqueza de sua graça, manifestada em sua bondade para conosco, em Cristo Jesus. Foi por essa graça que fostes salvos, por meio da fé. E isso não vem de vós, é dom de Deus; nem vem das obras, para que ninguém possa gloriar-se. Com efeito, nós somos obra sua, pois fomos criados em Cristo Jesus em vista das boas obras que Deus preparou, já antes, para serem por nós praticadas.

– Palavra do Senhor!

3. Refletindo a Palavra

A graça pode ser entendida como sendo um dom ou uma qualidade que o Pai Eterno, em seu infinito amor, oferece gratuitamente ao ser humano. Isso significa que, mesmo sem o ser humano merecer, o Pai Eterno concede à humanidade esse dom. Viver na graça significa estar plenamente unido ao Pai Eterno e a sua vontade. Pela graça, o ser humano é restaurado do pecado e passa a participar da vida eterna em Deus. O Pai Eterno é a fonte de toda a graça. O homem e a mulher em sua vida terrena são chamados sempre a viver na graça de Deus, seguindo seus caminhos, comprometendo-se com a construção do Reino, sendo solidários com os sofrimentos dos irmãos. Vivendo assim, o ser humano estará na graça do Pai Eterno e viverá a vida eterna junto dele.

4. Meditando a Palavra

a) Quais são as maiores graças de Deus em minha vida?

b) Tenho procurado viver sempre na graça de Deus?

5. Oração final *(p. 6)*

8º dia
Pai Eterno,
nossa única esperança

1. Oração inicial *(p. 5)*

2. Palavra de Deus *(Rm 5,1-5)*

Agora que Deus nos tornou justos por meio da fé, estamos em paz com Deus por obra de nosso Senhor Jesus Cristo, por meio do qual obtivemos, pela fé, o acesso a esta graça, na qual estamos firmes e nos orgulhamos da esperança de alcançarmos a glória de Deus. Mais ainda: nós nos orgulhamos até dos sofrimentos, sabendo que o sofrimento produz firmeza; a firmeza traz a aprovação de Deus; e esta aprovação faz nascer a esperança; e a esperança não decepciona, porque o amor de Deus foi derramado em nossos corações pelo Espírito Santo que ele nos deu.

– Palavra do Senhor!

3. Refletindo a Palavra

No projeto redentor do Pai Eterno, a criação do homem e da mulher ocupa um lugar especial, pois Deus fez o ser humano a sua imagem e a sua semelhança e nele soprou seu próprio espírito, dando-lhe a vida. O Pai quis que o homem e a mulher sempre se mantivessem em sua presença e em seu amor. Apesar de a humanidade ter muitas vezes mergulhado no pecado e na morte, contou sempre com a esperança, que vem de Deus. A esperança é uma das grandes virtudes que o Pai Eterno imprimiu no coração do homem e da mulher, pois ela os faz continuar caminhando mesmo diante dos maiores sofrimentos e das maiores dificuldades. É preciso termos esperança de um tempo melhor, de uma vida melhor, de um mundo novo; esperança de nos salvarmos, de nos encontrarmos novamente com Deus e de permanecermos eternamente em sua presença.

4. Meditando a Palavra

a) Sou uma pessoa que conservo a esperança de um mundo melhor ou sou alguém pessimista e triste?

b) Como eu testemunho a esperança diante das outras pessoas?

5. Oração final *(p. 6)*

9º dia
Maria, escolhida do Pai Eterno

1. Oração inicial *(p. 5)*

2. Palavra de Deus *(Lc 1,26-38)*

No sexto mês, o anjo Gabriel foi enviado por Deus a uma cidade da Galileia, chamada Nazaré, a uma virgem, noiva de um homem, de nome José, da casa de Davi; a virgem chamava-se Maria. Entrando onde ela estava, disse-lhe o anjo: "Alegra-te, ó cheia de graça, o Senhor é contigo". Ao ouvir tais palavras, Maria ficou confusa e começou a pensar o que significaria aquela saudação. Disse-lhe o anjo: "Não tenhas medo, Maria, porque Deus se mostra bondoso para contigo. Conceberás em teu seio e darás à luz um filho e lhe porás o nome de Jesus. Ele será grande e será chamado Filho do Altíssimo. O Senhor Deus lhe dará o trono de Davi, seu pai, e ele reinará para sempre na casa de Jacó. E seu reino não terá fim". Maria, porém, perguntou ao anjo: "Como será isto, se eu não vivo com um homem?" Respondeu-lhe o anjo: "O Espírito Santo descerá sobre ti e a força do Altíssimo te cobrirá com sua sombra. Por isso, o Santo que vai nascer será chamado Filho de Deus. Isabel, tua parenta, também ela concebeu um filho em sua velhice e está no sexto mês aquela que era chamada estéril, porque nada é impossível para Deus". Disse então Maria: "Eis aqui a serva do Senhor, faça-se em mim segundo tua palavra". E o anjo retirou-se de sua presença.

– Palavra da Salvação!

3. Refletindo a Palavra

O Pai Eterno, em seu amor infinito, desejou enviar seu filho ao mundo, a fim de redimir a humanidade de seus pecados e colocar o homem e a mulher novamente em sua presença. Para isso, quis contar com ajuda humana, fazendo com que seu filho fosse em tudo igual à humanidade, menos no pecado. Esse projeto salvador do Pai Eterno se concretizou em Maria. Ela foi a escolhida para trazer o salvador ao mundo. A Virgem Maria encontrou graça diante do Pai Eterno, foi escolhida, desde sua concepção, como sua filha predileta. Em Nossa Senhora, a divindade de Deus se encontra com a nossa humanidade. Exemplo de fé e de esperança, Maria tornou--se a Mãe do salvador, modelo de seguimento e de vida para todos aqueles que desejam viver segundo a vontade do Pai Eterno.

4. Meditando a Palavra

a) Tenho deixado que a vontade de Deus se realize em mim, assim como fez Maria?

b) Quais características da Virgem Maria desejo imitar em minha vida?

5. Oração final *(p. 6)*

Índice

A marca FSC® é a garantia de que a madeira utilizada na fabricação do papel deste livro provém de florestas que foram gerenciadas de maneira ambientalmente correta, socialmente justa e economicamente viável.

Este livro foi composto com as famílias tipográficas Calibri e Goudy e impresso em papel Offset 75g/m² pela **Gráfica Santuário**.